365 Consejos para el Cuidado: Consejos Prácticos de Cuidadores Cotidianos

POR:
PEGI FOULKROD, GINCY HEINS,
TRISH HUGHES KREIS,
RICHARD KREIS, KATHY LOWREY

ARTE DE LA CUBIERTA:
PEGI FOULKROD

TRADUCCIÓN DE:
DR. NOBLE GOSS Y TERESITA GOSS

¡Gracias por leer nuestro libro! Los cuidadores necesitan la mayor cantidad de ayuda y apoyo posible y, como cuidadores nosotros mismos, queremos compartir consejos con otros. Este y otros libros pueden ser comprados en 365CaregivingTips.com.

Los consejos incluidos en este libro son de experiencia personal, sentido común o conocimiento común y están fácilmente disponibles a través de una variedad de fuentes. Estos consejos prácticos de sentido común se han organizado en un formato fácil de leer para los cuidadores ocupados.

Este libro no pretende ser un sustituto del consejo médico de los médicos. El lector debe consultar regularmente a un médico en asuntos relacionados con el ser querido a quien cuidan, especialmente con respecto a cualquier síntoma que requiera diagnóstico o atención médica.

Publicado por ***365 Caregiving Tips***, Sacramento, California

ISBN 978-1-365-83365-6

Primera edición

A través de todo, que haya amor.

Tabla de contenido

Expresiones de gratitud

Este libro no podría existir sin el espíritu generoso de los cuidadores. Los cuidadores no sólo cuidan a sus seres queridos y amigos, sino también unos a otros.

Nos gustaría dar las gracias a nuestras familias, a los que cuidamos, a los que se preocupan por nosotros, y a todos nuestros amigos de apoyo.

¡Este libro no podría existir sin Ud. y estamos eternamente agradecidos por su amor y apoyo!

Expresiones especiales de gratitud

Cuidar es universal. Nosotros, los autores, como cuidadores y ex-cuidadores, entendemos lo que es cuidar y es nuestro mayor deseo llegarle a cuidadores en todas partes, no solo en nuestro pequeño pedazo del mundo. Para poder hacer esto, orábamos para lograr los medios para traducir en otros idiomas; para nosotros imposible ya que no tenemos ni la habilidad ni el conocimiento. Dios nos escuchó y conocía quien nos ayudaría. A través de una serie de eventos nos mandó una bendición.

Queremos expresarle nuestro profundo y sincero agradecimiento al Dr. Noble Goss y a su esposa Teresita, por habernos bendecido con su tiempo y su conocimiento en la traducción de nuestro libro al español.

El Señor los puso a ustedes en nuestro camino y con su valiosa y generosa ayuda tenemos como llevar nuestro mensaje al mundo hispano-parlante. Gracias Dr. Goss y Teresita y que Dios los bendiga.

Introducción

Después de años de cuidado (¡demasiados para contar entre nosotros!) y de compartir consejos, trucos, apoyo, risas y lágrimas, decidimos compartir lo que hemos aprendido con otros.

Estos 365 consejos provienen de la experiencia personal como cuidadores, muchos como resultado de muchas pruebas y errores, así como del sentido común y del conocimiento general.

Los autores han compartido anteriormente algunos de estos consejos en nuestros sitios web, a través de nuestras plataformas de medios sociales y otros sitios web relacionados con el cuidado también. Lo que destaca este libro es que estos consejos prácticos de cuidado se organizan en un formato fácil de leer, diseñado para los cuidadores ocupados.

Esta es nuestra forma de cuidar a otros cuidadores.

Le invitamos a conectarse con nosotros en 365CaregivingTips.com; Nuestra página de Facebook "365 consejos de cuidado" o en Twitter en @ 365CareTips.

Al compartir nuestras experiencias a través de estos consejos, esperamos que su experiencia de cuidado se haga un poco más fácil.

Creemos apasionadamente que estamos todos juntos en esto.

CONSEJOS GENERALES PARA EL CUIDADO

1. Prepare una hoja de resumen de una página para su ser querido. Incluya: nombre, número del seguro social, información de seguro de salud, médicos y especialistas, medicamentos, diagnósticos e información de contacto del cuidador. Manténgala actualizada y disponible para dársela a los técnicos sanitarios, al personal de la sala de emergencia o simplemente como una guía de referencia para su uso cuando se comunique con los profesionales sanitarios y empresas de suministros médicos.

2. Prepare una bolsa para viajar para Ud. y otra para su ser querido. El contenido para el ser querido puede incluir: informes adicionales, toallitas, guantes, bolsas de basura de plástico, una muda extra de ropa, lentes de lectura y plumas adicionales, así como una chaqueta ligera.

3. Mantenga una copia adicional de la hoja de resumen en su bolsa para viajar y en su coche.

4. Tome los signos vitales de su ser querido a diario. Esto le dará la información de base para la presión arterial, la frecuencia del pulso, el nivel de oxígeno y la temperatura. Esta información será muy valiosa cuando su ser querido esté enfermo.

5. No juzgue. Esto puede ser difícil cuando el ser querido no se está cuidando a sí mismo de la manera que le parezca mejor a Ud.

6. Compre a granel para ahorrar dinero. ¿Es que su ser querido rompe o pierde sus lentes de lectura con facilidad? Compre varios a la vez en línea y así los tendrá listos para reemplazar el par perdido o roto. (Esto no se aplica a los lentes graduadas.)

7. Mantenga una rutina tanto como sea posible. Los cambios en la rutina al igual que la falta de sueño pueden causar un ataque o ser perjudiciales para la salud del ser querido. El tener una rutina regular permitirá que el cuidador y el ser querido mantengan

cierta apariencia de orden durante un tiempo por lo general caótico.

8. Tenga lista ropa regular, ropa más casual, igual que ropa para cuando uno esté enfermo. Los pantalones de deporte e incluso las batas de hospital son alternativas muy útiles durante los días cuando su querido no se siente bien y puede que no tenga suficiente energía para ponerse los pantalones, la camisa, los zapatos, etc.

9. Obtenga un poder notarial duradero en su lugar para que Ud., como el cuidador, pueda hablar con los médicos, el personal del hospital y las agencias de servicios sociales acerca de su ser querido.

10. Si su ser querido tiene dificultad con las transiciones, dele bastante aviso sobre las próximas citas o actividades e involúcrelo en la preparación para ellas. "¡Buenos días! Hoy tenemos una cita con el médico." "¿De qué te gustaría hablar con el médico hoy?" "Casi hemos llegado a la oficina del médico." "Ellos te van a llamar pronto para tomar tus signos vitales." "Estámos esperando al doctor en esta habitación."

11. Reexamine las rutinas. A veces se necesita algo importante para cambiar una rutina (el orden de un médico o el mudarse de casa), pero eso no tiene que ser siempre el desencadenante. Nos metemos en nuestras rutinas y seguimos con ellos, pero estar abiertos al cambio puede ayudar a todos los involucrados.

12. La prestación de cuidados requiere muchos suministros. Podría ser útil tener una sola área designada para todos los suministros para facilitar el acceso a ellos cuando sea necesario, en lugar de correr por acá y allá tratando de recolectar suministros de diferentes partes de la casa.

13. El equipo médico puede ser algo espantoso para los niños pequeños. Hable sobre ese equipo y cómo trabajan y si es posible, déjelos experimentar algunos de ellos. Kathy dice: "Con

mis nietos, un cajón lleno de dulces de los cuales se les permitió elegir cuando visitaron fue colocado estratégicamente al lado de la cama del hospital de mi marido. Para conseguir un dulce, tuvieron que ir a la habitación y pedírselo. Cuanto más se expusieron a los equipos, menos inquietante y alarmante era para ellos y el enlace entre los niños y su abuelo no fue interrumpido. El soborno puede ser una cosa maravillosa a veces."

14. Al salir, en primer lugar haga un poco de reconocimiento y cheque la ubicación de los servicios sanitarios e investigue si hay baños para familias. El cuidado de su ser querido de sexo opuesto, o el necesitar un gran baño debido al equipo médico a veces requiere un baño tamaño de familia.

15. Confíe en sus instintos. ¿Hay algo que no está bien con su ser querido? Investigue, obsérvelo de cerca y tome sus signos vitales. ¡Sus instintos tendrán razón!

16. Construya una red de apoyo. Sepa a quien se puede ir en busca de ayuda con sus niños o mascotas en caso de emergencia, a alguien que sea un buen escuchador y que pueda investigar las cosas para Ud.

17. Sepa cuando decir "No," ya se trate de solicitudes sociales, oportunidades de ser voluntario, o las obligaciones familiares; aprenda sus límites.

18. Tenga a la mano en la casa alimentos tales como barras de granola para que pueda agarrarlos y tirarlos en su bolso para citas con el médico, haciendo mandados, y otras salidas.

19. Compile una lista del médico de cabecera y de los especialistas de su ser querido, incluidos sus números de teléfono.

20. Prepare una breve historia clínica que enumera las conocidas enfermedades diagnosticadas de su ser querido. Liste en orden cronológico todas las cirugías, procedimientos médicos y hospitalizaciones. Lleve estas listas consigo en su bolso o en una

unidad zip en todo momento. Asegúrese de mantener ésta actualizada con los nuevos medicamentos o las hospitalizaciones.

21. Los calcetines de compresión suelen ser muy difíciles de poner en su ser querido. A menudo, el médico le permitirá utilizar vendajes "Ace" en su lugar. Hoy en día hacen un vendaje autoadhesivo que no sigue cayéndose. Se adhiere como Velcro a sí mismo y es lavable y reutilizable. Estos son mucho más fáciles de poner y mantener.

22. Si usa el hospicio, averigüe qué servicios están disponibles para Ud. Es posible que no los necesite todos ahora, pero puede que esté interesado en uno o más de ellos en el futuro.

23. Mantenga suministros adicionales a la mano. Tal vez su ser querido use calzoncillos desechables para adultos, que se pueden conseguir a través de cuidados paliativos o hacer entregar a su casa. Siempre asegúrese de que haya un paquete adicional a mano. Nunca se sabe cuando se vayan a usar más rápido de lo previsto o cuando se retrase una entrega.

24. Si su ser querido tiene un seguro de vida, revise la poliza o hable con un agente. Es posible que no tenga que pagar primas una vez que él o ella se convierta en discapacitado.

25. Revise todas las facturas, archivos, y pólizas de seguro con su ser querido tan pronto como sea posible, sobre todo si él o ella siempre ha sido la persona a cargo de los trámites.

26. Tome fotos o haga videos. Puede que la vida no sea la imagen perfecta, pero Ud. será agradecido por esas fotos de su ser querido con la familia y amigos en el futuro.

27. ¡Inclúyase en las fotos!

28. Edúquese sobre la enfermedad o la condición de su ser querido. Ud. es el defensor más importante de esa persona y a menudo sabrá más sobre él o ella que los profesionales de la medicina que

encuentra, ya que Ud. es especialista en esto. Definitivamente Ud. sabe más acerca de su ser querido que otros.

29. Planee con anticipación. Sepa lo que pueda suceder en el futuro o dónde encontrar la información cuando lo necesite.

30. Comparta con otros. Si conoce a otras personas que cuidan a alguien con el mismo problema de salud, comparta información con ellos si la tiene. Uds. serán capaces de aprender unos de otros.

31. Mantenga una cobija o chaqueta extra en el coche. Puede ser utilizada por su ser querido como una almohada o una cobija en el coche, o llévela en una oficina fría para que él o ella pueda mantenerse cómodo.

32. ¿Qué tipo de música disfruta su ser querido? Descárguela del Internet, encuéntrela en CDs, o haga una lista de dónde encontrarla para que la tenga disponible para su placer de escuchar. La música es relajante y puede calmar a una persona o ayudar a reforzar su estado de ánimo, así como distraerlos.

33. Cheque su comunidad para actividades y eventos que su ser querido podría disfrutar. Las bibliotecas públicas y los centros de personas de la tercera edad tienen oradores que visitan y dan charlas de una hora o menos. Los temas son variados y usualmente gratuitos.

34. ¿Tiene el colegio comunitario local clases para personas mayores? Estas son baratas o gratuitas y cubren el arte, el ejercicio, la música, el yoga y muchos otros temas. Vea si se puede inscribir a su ser querido o si Ud. también puede inscribirse y así podrán tomar una clase juntos.

35. Si Ud. no está seguro si una clase será apropiada para su ser querido, pregunte si puede asistir de forma gratuita una vez, o pagar por una sola visita en lugar de unirse a algo que puede no ser beneficioso.

36. Si encuentra una clase para un tipo de enfermedad, como una clase de baile para los pacientes de Parkinson y le parece que sería beneficiosa para su ser querido a pesar de que tiene otra enfermedad, mande un e-mail o llame y pregunte si puede probar la clase.

37. ¿Se siente como si su cerebro estuviera lento y cansado? Eche un vistazo a las clases en línea gratis en sitios web como Coursera o descargue una aplicación para ayudarle a aprender un nuevo idioma, tocar el piano en un iPad, o aprender una nueva receta.

38. Las pulseras de alerta médica son una buena inversión para un ser querido que tenga problemas de memoria o problemas cognitivos, epilepsia, dolor crónico o enfermedades del corazón, así como muchas otras enfermedades.

39. El día o la noche antes de cualquier cita con el médico, organícese. Imprima la lista actual de medicamentos, direcciones para tomarlos si es necesario, prepare un bolso con un refrigerio, una chaqueta, una botella de agua, un libro, un papel, plumas y su lista de preguntas. Hacerlo el día anterior le ahorrará el ajetreo y la tension en el día de la cita.

40. Antes de salir para una cita con el médico, cheque el tráfico. ¿Tiene que salir antes debido a la construcción de carreteras o un accidente? Tenga en mente rutas alternativas en caso de que tenga que cambiar su ruta.

41. Déjele tiempo suficiente a ser querido para que se prepare para una cita con el médico. Conozca sus rutinas: el estar en el baño, el comer un bocadillo, o las rutinas de aseo todos toman tiempo.

42. Conozca el mejor momento del día de su ser querido y planifique en consecuencia. Si está en su mejor momento en la mañana, programe citas para esa hora del día siempre que sea posible.

43. Si es posible, trate de combinar algo agradable, como el almuerzo afuera, con algo menos agradable, como una cita con el

médico. Será bueno para ambos tener algo que esperar después de ver al médico.

44. Asista a citas con el médico con su ser querido para que haya otro par de oídos.

45. Prepare una lista de preguntas o inquietudes antes de las citas médicas.

46. Tome notas en las citas médicas.

47. Mantenga un registro diario tomando nota de las actividades diarias, el estado de ánimo y los problemas físicos de su ser querido.

48. Lleve el registro a las citas médicas, ya que puede ayudar a explicar un nuevo comportamiento o problema de salud.

49. La mañana de una cita, si es que el ser querido vive en otra casa, llame antes de ir a recogerlo en caso de que haya quedado dormido.

50. Si el amado vive en un centro de atención, llame al personal antes de llegar para asegurarse de que hayan levantado al ser querido y que esté listo para ir.

51. Al salir, lo que funcione mejor para Ud. y su ser querido es lo más importante. Si eso significa que tiene que salir de un evento temprano, hágalo y no se preocupe de ello.

52. Si es posible, cuando confirmando su asistencia a un evento, deje que el anfitrión sepa que es posible que tenga que salir temprano y averigüe si está bien. Si no lo es, no vaya, aunque sea un evento familiar.

53. Déjele saber a la anfitriona que puede que tenga que llevar comida especial para su ser querido. Ud. no espera que la anfitriona la proporcione, pero avísele que existen restricciones

en la dieta para que no se ofenda cuando no se coman sus alimentos.

54. Si Ud. tiene una pregunta, otros probablemente lo tienen también. No dude en acudir a las redes sociales y publicar una pregunta, especialmente si Ud. está buscando un producto que funcione o la solución a un problema.

55. Todo el mundo necesita algo que hacer además de ver la televisión. Pruebe cosas diferentes para encontrar algo que funcione para ocupar a su ser querido. Ejemplos pueden ser libros, libros en CD, rompecabezas, juegos de búsqueda de palabras o de números, y escuchar música. Ud. puede descargar cosas gratis, pedir prestado de otros y encontrar cosas en las ventas de garaje o tiendas de reventa. ¡Es una gran cosa pedir que otros le ayuden!

56. Utilice una tableta electrónica para juegos u otros programas para mantener a su ser querido entretenido e interesado durante largas esperas.

57. Asista a eventos y vea a familiares distantes sin salir de casa. Use FaceTime o Skype para asistir a una boda, una reunión familiar, o ver a los amigos y familia en las vacaciones si no se puede hacer el viaje. Es una oportunidad maravillosa para Ud. y su ser querido estar en un lugar sin la molestia. Sí, que se extrañarán los abrazos, pero es mejor que faltar a todo.

58. Lleve un par de tapones para los oídos en caso de que su ser querido se moleste por el ruido, o un ambiente es demasiado ruidoso.

59. Otra solución por ser molestado por el ruido es utilizar auriculares y un iPod (u otro dispositivo electrónico) para escuchar música o libros electrónicos narrados.

60. Haga una copia de la parte delantera y trasera de la tarjeta de seguro de su ser querido y llévela en su billetera. Nunca sabe cuándo necesitará esa información.

61. Puede ser que valga la pena ver si Ud. puede tener registrado el mascota de su ser querido como un compañero de servicio. Los animales de servicio están autorizados a visitar hogares de ancianos y otros lugares como el centro de rehabilitación.

62. Todo está en un nombre: Haga que el nombre de su ser querido sea bordado en el frente de sus camisas. Si sucede que vaga lejos o si va a la guardería o al relevo, o el tiempo ha venido para que se traslade a una facilidad de enfermería, esto hace la identificación más fácil para los que interaccionan con él o ella.

63. Las sábanas de tamaño Queen se adaptan perfectamente a la longitud en una cama de hospital. Simplemente doble el exceso bajo el colchón.

64. Si el ser querido vive en su propia casa, en una facilidad o tiene su propio dormitorio, ponga las próximas citas en su propia agenda personal.

65. Mantenga un suministro de toallitas desinfectantes por todas partes alrededor de la casa. ¡Estos son salvavidas!

66. Para un ser querido a quien no le gusta poner sus manos en el agua, use una toallita húmeda para lavarlas. Puede ser mucho menos molesto que poner sus manos bajo el agua.

67. Lave una carga de ropa en cada oportunidad.

68. Encuentre un programa de día para su ser querido (consulte con Sellos de Pascua y el Departamento de Envejecimiento y pregunte por posibles programas).

69. Durante las ventas de regreso a la escuela, abastézcase de suministros de oficina. Es el mejor momento para obtener un buen precio en carpetas, cuadernos, bolígrafos, lápices,

marcadores, pegamento, cinta adhesiva, notas adhesivas y papel de impresora.

70. Todos debemos tener botiquines de emergencia. La mayoría de las compañías de seguros no llenarán una receta sólo para que pueda guardarla con sus suministros de emergencia, pero Ud. puede incluir la información impresa que viene con las prescripciones en caso de que necesite obtener una recarga de emergencia.

71. Si su ser querido utiliza cualquier tipo de suministros no perecederos, incluyendo artículos para la incontinencia, asegúrese de tener estos en el equipo de emergencia.

72. Si tiene una pregunta, pregúntele a otro cuidador. Su situación puede no ser la misma que la de Ud., pero puede tener una sugerencia que funcionará para Ud. o que activará una idea.

73. ¿Hay algo que a su ser querido le gusta hacer, como ver películas o hacer rompecabezas? Si es así, pregunta por ahí y vea si se puede pedir prestados de otros.

74. Si su ser querido disfruta de los libros, pero Ud. no puede leerle a él o ella tanto como le gustaría a Ud., vea si su biblioteca pública local tiene libros en CD o libros grabados que puede pedir prestados.

75. Utilice una grabador video digital para grabar los programas favoritos de su ser querido.

76. Si el médico saca el tema de los cuidados paliativos o sea el hospicio, hay una razón. Pregunte por qué lo está sugiriendo. No tenga miedo de ello. El hospicio ofrece apoyo a toda la familia. Muchas cosas como suministros de incontinencia, oxígeno, una cama de hospital y equipo médico duradero están cubiertos por un hospicio.

77. A veces los médicos no sugieren el hospicio, aunque puede ser hora de hacerlo. Como el cuidador, no tenga miedo de preguntarle al médico si es hora de llamar al hospicio.

78. Consulte con el seguro de su ser querido, pero en muchos casos Ud. no tiene que aceptar el hospicio que le ofrecen. Puede hacer algunas investigaciones y seleccionar otro que prefiera.

79. Incluso después del inicio del hospicio, puede solicitar a una enfermera o trabajador de caso diferente. A veces el personal no conviene y este no es el momento de conformarse con alguien con quien no se sienta cómodo.

80. Planee con anticipación. Hable con el ser querido acerca de sus deseos finales, incluyendo un entierro versus la cremación, y el tipo de servicio que prefiera. No todo el mundo está abierto a discutir estas cosas, pero trate de abordar el tema, si es posible.

81. Prepare una directiva avanzada con el fin de tener una idea clara de qué tipo de asistencia médica le gustaría al ser querido tener al final de su vida.

82. Las familias son complicadas. Mantenga a todos informados -- incluso si es sólo a través de un correo electrónico, ya que se hayan distanciado de la familia.

83. Permita que la gente ayude incluso si no está en la forma en que Ud. haría las cosas. Siempre y cuando no sea perjudicial para la salud de su ser querido, permita que la gente haga las cosas a su manera.

MEDICAMENTOS

84. Al recoger las recetas, siempre verifique los medicamentos antes de salir de la farmacia. ¿Está esperando una marca comercial pero consigue un medicamento genérico en su lugar? Averigüe que el medicamento parezca como se supone que se vea (un medicamento de liberación prolongada se ve diferente al de la liberación retardada). Verifique la dosis para asegurarse de que es lo que el médico había ordenado.

85. Mantenga un registro de todos los medicamentos que toma o utiliza su ser querido. Tenga en cuenta el número de la prescripción, qué se le prescribió, el uso previsto, el costo, cuántos rellenos se quedan y cualquier reacción a la medicación.

86. Mantenga un registro de los medicamentos que son actuales, pero también los que se han descontinuado. Tome notas de cualquier efecto secundario causado por los medicamentos.

87. Utilice vasos desechables de medicamentos pequeños cuando se toman los medicamentos. Esto ayudará a prevenir la caída de píldoras y la búsqueda de ellos!

88. Ordene los vasos desechables de medicamentos en línea y compre en grandes cantidades -- ¡son muy baratos de esa manera!

89. Dele a aquellos con trastornos de deglución una a dos píldoras a la vez.

90. Haga una hoja de cálculo Excel de todos los medicamentos de su ser querido. Una columna para el nombre del medicamento y la dosis, la siguiente columna para cuando se toma y otra columna para las notas. Ponga el nombre completo de la persona amada, el médico y la última vez actualizado en la parte superior del documento. También incluya alergias y sensibilidad a los medicamentos en la sección de notas.

91. Aparte un día específico cada semana para llenar los contenedores de píldoras. Tome notas de cualquier problema. Cuando haya terminado, pida aquellas recetas que necesiten recarga.

92. Utilice un marcador para escribir la fecha de relleno en la parte superior de la tapa de la botella. Con una mirada se puede ver cuando es el momento para una recarga.

93. Rellene los recipientes de pastillas durante las horas de farmacia abiertas. De esta manera, cualquier problema con medicamentos (como olvidar pedir un medicamento) se puede manejar de inmediato.

94. Construya una relación con el farmacéutico -- ¡Ud. podría ser un visitante frecuente!

95. ¿Alguna vez tuvo un problema con un cortador de píldoras que convirtió sus pastillas en polvo? Tome un par de pincitas y alinee la línea de separación de la píldora con la cuchilla del cortador de píldoras. No hay más polvo.

96. Programe el número de la farmacia en su celular. Ud. tendrá el número cuando se necesite para hacer una pregunta acerca de una receta o rellenar un medicamento.

97. Tan pronto como vea que se está acabando una receta, comuníquese con la farmacia para una renovación. Puede que tengan que pedir el medicamento o ponerse en contacto con el médico para una renovación, por eso ¡no espere!

BAÑARSE Y VESTIRSE

98. Instale barras de apoyo en el área del inodoro y del lavabo del cuarto de baño antes de siquiera pensar que las necesite. En el momento en que se dé cuenta de que los necesite, probablemente será porque alguien se cayó.

99. Instale barras de sujeción en la bañera.

100. Instale una silla bañera de deslizamiento para los que no tengan una ducha al ras de suelo.

101. Utilice una silla de ducha para los que están en riesgo de caída.

102. Las alfombritas o tapetes de baño son un peligro de tropiezo. Tan bonitos como sean, pueden necesitar ser quitados del cuarto de baño (aunque sea extra cuidadoso de mantener el piso seco para que nadie se deslice).

103. Las personas pueden ser muy sensibles a la temperatura del agua. Mantenga la temperatura del agua tan comfortable como sea posible para el ser querido.

104. Compruebe siempre la temperatura del agua antes de rociarla en tu ser querido. Conozca la sensación de la temperatura que sea más cómoda para él o ella.

105. El uso de una boquilla de rociado en una ducha puede ayudar a dirigir el agua según sea necesaria y manténgala fuera de la persona cuando se está lavando el cabello o el cuerpo.

106. Use un jabón líquido "2 un 1" para que el mismo jabón se pueda usar para lavar el pelo y el cuerpo.

107. Use una toalla para proteger la privacidad tanto como sea posible.

108. Use una toalla si el ser querido es propenso a tener frío mientras que Ud. lo ayude a asearse.

109. Hable con la persona cuando la ayude a bañarse. Guíela a través del baño ("Voy a lavarte el pelo ahora," o "Estoy usando el agua para enjuagarte ahora").

110. Use toallitas desechables para limpiar el baño después de usarlo.

111. Lea el paquete y sepa la diferencia entre paños de tela y las toallitas desechables. (Si no es así, mantenga el número del plomero a la mano.)

112. Mantenga a la gente independiente tanto como sea posible. Deje tiempo extra para que se vista y dele estímulo.

113. Utilice toallitas desinfectantes para limpiar fácil y rápidamente el inodoro, los fregaderos y el mostrador después de usarlos.

114. Invierta en un cepillo de dientes eléctrico para mantener independiente a su ser querido y sanos los dientes y las encías.

115. Póngale a su ser querido un protector de ropa o un mandil (hay desechables) para proteger la ropa de pasta de dientes y otros derrames.

116. Deje que el ser querido utilice una máquina de afeitar eléctrica si desea continuar afeitándose a sí mismo, pero que tiene una mano que tiembla.

117. Mantenga recortadas las uñas de su ser querido para que no se rasque inadvertidamente.

118. ¡Conviértase en un estilista autodidacta! Invierta en un buen par de tijeras o un cortapelos para que pueda dar un corte en casa. Esto será útil cuando el salir se vuelva demasiado difícil.

119. Compre calcetines anti-deslizantes en línea y en grandes cantidades. ¡Las zapatillas pueden ser un peligro de tropiezo y los calcetines mantienen los pies del ser querido tibios y en el suelo!

120. Las batas de tipo hospitalario hacen pijamas maravillosas, sobre todo si por la incontinencia su ser querido necesite cambios frecuentes.

121. Los baños del lado de la cama, del lavabo o con una toallita húmeda son perfectamente aceptables maneras de ayudar a su ser querido limpiarse si él o ella está teniendo dificultades al entrar en una ducha o en la bañera. Considere la posibilidad de darle un paño húmedo a su ser querido para que pueda lavarse la cara o las manos, mientras que Ud. esté cuidando a otras áreas.

122. Mantenga los suministros y herramientas de aseo en el mismo lugar para que Ud. y su ser querido sepan dónde encontrarlos.

123. Inspeccione en busca de úlceras, lunares nuevos, arañazos o golpes mientras se baña el ser querido. Esto le avisará de cualquier problema de dormir (como mover alrededor y causar hematomas a sí mismo), los inicios de úlceras por presión, etc.

124. A veces los medicamentos o la incontinencia pueden hacer que el cuerpo huela mal. El espray de cuerpo o la loción después del afeitado o colonia favorita de su ser querido pueden hacerlo oler bien de nuevo.

HORAS DE LA COMIDA

125. Para los comedores lentos, deje suficiente tiempo para que coman. Esté preparado para sugerir pero no regañe. Cuanto más tiempo se permite para comer, menos estresante la comida será.

126. Use protectores de ropa coloridos y originales.Va a ser mucho más fácil de conseguir que alguien lleve algo para proteger su ropa de derrames si es del color favorito del ser querido o si tiene el logotipo de su equipo deportivo favorito en él.

127. Utilice términos dignos como "protector de ropa" en lugar de "babero."

128. Los trastornos de deglución pueden ser un reto. Si una dieta modificada requiere bocados pequeños, corte la comida fuera de la vista del ser querido antes de presentarla. Esto reduce cualquier discusión sobre ser capaz de comer bocados más grandes.

129. Respete los hábitos alimenticios. Aprenda la diferencia entre la preferencia médicamente necesaria y la personal. Deje que el ser querido tenga algún control sobre cómo le gustaría que la comida sea preparada, presentada o comida.

130. Una alimentación descuidada, el moqueo nasal, la tos y los eructos pueden ser cosas que el ser querido no puede controlar durante el tiempo de la comida, pero pueden ser poco apetecibles para el cuidador de ver. Permítalo comer ya sea en una habitación diferente o en un momento diferente para que el cuidador también pueda disfrutar de sus comidas.

131. Para los comedores lentos, inicie al ser querido con el primer curso (frutas, ensaladas), mientras que el cuidador termine de hacer el resto de la comida.

132. Utilice un popote si es difícil para su ser querido sostener un vaso. Utilice popotes de colores, popotes flexibles, "popotes

locos" -- lo que ayude a que el beber sea una actividad más fácil y más bienvenida.

133. Prepare batidos que contengan frutas o verduras que al ser querido no le gustan o que no puede comer con su comida.

134. Permita sus comidas favoritas si es posible. Si le gusta el helado, pero no debe tenerlo a diario, dele una porción más pequeña y sírvala cada tercer día.

135. Tenga listas recetas rápidas de preparar que Ud. o algún otro pueda preparar fácilmente en esos días en que Ud. está demasiado cansado para preparar comidas que tomen bastante tiempo de hacer.

136. Cuando sea posible, haga una cantidad extra de alimentos, mientras que Ud. hace una comida y congela la porción extra para otra noche.

137. Si tres comidas más grandes son difíciles para que consuma su ser querido, rompa las horas de comida en varias comidas más pequeñas durante el día.

138. Pruebe el contar las bebidas (o bocados) si el ser querido está poniendo obstáculos a comer y beber todo.

139. Asegúrese de preguntarle al farmacéutico si un medicamento debe o no debe tomarse con una comida.

140. Use platos más pequeños si se supone que el ser querido debe estar en una dieta, pero es resistente a ella. Si todos en la mesa tienen el mismo tamaño de plato, las porciones más pequeñas no se notarán.

141. Involucre al ser querido en la compra de comestibles cuando sea posible. Incluso si se encuentra en una silla de ruedas, puede ser que sea capaz de tener en las manos una o dos cosas (o una cesta).

142. ¿Le gusta a su ser querido cocinar pero ya no puede manejarlo por sí mismo? Involúcrelo en el proceso de la comida: hacer una ensalada, dejar caer la masa de galletas en una bandeja para hornear, o agitar el puré de patatas.

143. Haga que su ser querido comparta sus recetas favoritas. Si la escritura es difícil para ellos, haga que use la computadora o que le dicte a Ud. la receta para que pueda pasarla a las generaciones futuras.

144. Cuando se trata de una comida afuera, considere ir en un momento que no esté ocupado.

145. Si Ud. tiene la capacidad de ir afuera a comer, hágalo tan a menudo como sus finanzas lo permitan. Encuentre un restaurante que pueda acomodarse a las necesidades de su ser querido y frecuéntelo. Cuando estén listos a sentarse, dígale a la anfitriona dónde quiere sentarse. Tal vez Ud. necesita estar más cerca del baño, o más cerca de la salida delantera. Tal vez Ud. necesita una mesa más grande para acomodar una silla de ruedas o una zona tranquila. Explique por adelantado que Ud. podría ser necesitado, pero los meseros serán compensados. Al hacerlo, el personal aprende cómo servir mejor a Ud. y a su ser querido haciendo una velada más agradable para ambos, así como una fácil transición al establecimiento para futuras visitas.

146. Reconsidere las horas tradicionales de comida. La cena a las 6:30 puede que ya no sea factible si el ser querido necesita muchas horas de sueño. Considere una cena temprana o un desayuno tardío para adaptarse a los patrones de sueño cambiantes.

MOVILIDAD Y MOVIMIENTO

147. Si las habilidades motrices finas de su ser querido se están disminuyendo, use camisas con botones y / o pantalones con tiras de velcro para que siga vistiéndose de forma independiente durante el mayor tiempo posible.

148. Utilice agujetas de elástico para que los zapatos puedan permanecer atados (o compre zapatos con velco) y el ser querido no tenga que atarse los zapatos o ser forzado a usar un tipo de zapato sin agujetas que no le guste.

149. Si su ser querido tiene dificultad usando una cuchara, ¡que cene en una taza! Que beba su cena: la sopa en una taza.

150. Ponga un taburete plegable en su coche si el ser querido tiene problemas para entrar y salir del coche.

151. Remueva obstáculos que podrían causar una caída en su casa (o en la casa del ser querido). Retire las alfombritas, instale barras de apoyo (no sólo en el baño, pero en las zonas de alto tráfico de su casa) y reorganice los muebles de manera que haya mucho espacio para caminar con un andador o una silla de ruedas.

152. Tenga cuidado si intenta sostener al ser querido cuando se está cayendo. Ud. necesita asegurarse de que no salga herido también tratando de evitar que su ser querido se caiga. Si ambos se caen, eso significa que los dos de Uds. necesitarán atención.

153. Después de una caída, revise si hay lesiones. Si el ser querido está bien y es capaz de levantarse, use una técnica enseñada por los terapeutas físicos: haga que el ser querido se voltee a cuatro patas y luego que se ponga lentamente sobre sus rodillas mediante el uso de una silla o algún otro objeto fijo. Puede entonces poner una pierna debajo de sí, aferrándose a la silla o su andador. El cuidador es capaz de ayudar a mantenerlo equilibrado, pero no hace daño a sí mismo tratando de levantar al ser querido.

154. Si su ser querido está confinado en cama, utilice un timbre inalámbrico para que pueda ponerse en contacto con Ud. si necesita ayuda. Tanto el botón como la campana funcionan con pilas. Deje el botón con ellos, y lleve la campana con Ud. en la casa.

155. Una alternativa es usar una campana anticuada que puede sonar para llamar su atención.

156. Para meter una silla de ruedas en el coche: pliegue la silla de ruedas por la mitad con los mangos hacia la derecha. Póngala en el maletero utilizando la parte inferior del maletero como palanca para ayudar a deslizarla. (Los mangos serán la primera parte de la silla de ruedas que entren en el maletero.) Al retirarla del maletero, de nuevo utilice la parte inferior del tronco para bajar la silla de ruedas al suelo. Esto requiere la menor cantidad de levantamiento, lo cual lo hace más fácil para el cuidador.

157. Al asistir a un ser querido confinado a una silla de ruedas en una situación de transferencia, asegure los frenos y bloquee la silla usando su cuerpo. Si hace una transferencia lateral, apóyese en el lado opuesto de la silla ya que muchas superficies de los suelos son más resbaladizas de lo esperado y los frenos de la silla no serán suficientes. Si esté reteniendo la silla desde atrás, apoye las piernas en el interior de las barras de control para estabilizar la silla.

158. Algunas personas pueden utilizar un andador de cuatro ruedas, mientras que otros son más adecuados para un andador con dos ruedas. Consulte al fisioterapeuta o médico del ser querido para saber cuál es el mejor para él o ella.

INCONTINENCIA

159. La incontinencia puede ser difícil de manejar, pero hay maneras de hacer que sea más fácil. Use almohadillas de cama desechables o cojines de cama lavables o incluso mantenga un suministro de ambos a la mano. ¡Habrá días en que estos serán cambiados muchas veces!

160. Reconozca que la incontinencia es sorprendentemente difícil. Nadie quiere pensar que su ser querido puede tener este problema y no muchos de nosotros queremos admitir cuando nos volvemos incontinentes. Sea atento a los síntomas y luego introduzca con delicadeza el tema de los calzoncillos o ropa interior de protección con el ser querido.

161. Si su ser querido incontinente tiene que ir al hospital o a un centro de asistencia, ¡la comunicación es esencial! Es importante dejar que el personal sepa que el ser querido es incontinente para que puedan gestionar la situación adecuadamente. También deben dejarle saber si notan un problema de la incontinencia que Ud. quizás no sabía.

162. Hay una variedad de calzoncillos por ahí. Algunos se tiran hacia arriba, hay diferentes grados de absorción (muchos de ellos no son tan absorbentes como deben ser) y algunos tienen lengüetas de cierre. Puede ser una cuestión de ensayo y error antes de encontrar el tipo que funcione mejor para su ser querido.

163. Una combinación de calzoncillos puede ser una solución. Por ejemplo, los calzoncillos que se tiran hacia arriba podrían ser bien para usar durante el día, pero los calzoncillos con lengüetas se utilizan mejor para la noche. A medida que empeora la incontinencia, estas decisiones cambiarán.

164. La incontinencia no siempre empeora, pero a veces lo hace. Sea consciente de las veces en que existen fugas para ver si hay un patrón que puede requerir el uso de un calzoncillo diferente.

(Por ejemplo, usando los calzoncillos con lengüetas durante el día también.)

165. Un urinario de guardia puede ser muy útil para los hombres que ya no pueden estar de pie durante el uso del inodoro. Es un guardia que se engancha en el frente del inodoro y bloquea cualquier orina que se rocíe.

166. Use almohadillas de cama entre las capas de la sábana, así como en la parte superior de la cama.

167. Use las almohadillas de cama no sólo para la cama sino también en otros muebles y en la silla de ruedas.

168. Si su ser querido va a la sala de emergencias, notifique al hospital inmediatamente de la incontinencia. Tienen una variedad de maneras de manejar la incontinencia, uno de los cuales es un "condón de cateterismo." Esto no es invasivo como un catéter tradicional, pero se sienta sobre el pene como un condón (de ahí el nombre) y la orina entra en una bolsa.

169. Considere la posibilidad de traer de casa al hospital los calzoncillos muy absorbentes cuando el ser querido esté en el hospital. Los calzoncillos hospitalarios tienden a ser frágiles y se llenan rápidamente.

170. El momento de la ingesta de líquidos puede ser útil para minimizar los accidentes durante la noche. Asegúrese de no limitar drásticamente los líquidos (Ud. no quiere que su ser querido se deshidrate) pero planee la hora de la ingesta de líquidos para reducir al mínimo los accidentes durante la noche.

171. La orina es muy irritante a la piel. Use una crema protectora como Desitin para mantener la piel sana.

172. Use guantes al quitarle los calzoncillos a su ser querido y cuando Ud. lo limpie.

173. Use toallitas desinfectantes para limpiar la zona de aseo y el baño.

174. Lave la ropa de cama y la ropa en agua caliente si la orina las ha empapado.

175. Reduzca al mínimo la sorpresa o el choque cuando el ser querido tiene un accidente que es "nuevo" (por ejemplo, la incontinencia intestinal durante la noche).

176. Trate al ser querido con respecto al cambiar su calzoncillo. Explique lo que está haciendo ("Te estoy limpiando las nalguitas ahora," "Te estoy poniendo el calzoncillo," "Necesito desabrochar tu camisa para ponerte el calzoncillo").

177. Preste atención a que el personal de un Centro de Enfermería Especializada u hospital se asegure de que estén tratando al ser querido con respecto al cambiar los calzoncillos o al limpiarlo después de un accidente. Reporte a la persona al supervisor si no se comporta con respeto. Puede ser necesario más entrenamiento.

178. Medicaid ayuda a pagar los calzoncillos, guantes y almohadillas desechables. Haga que el médico de su ser querido escriba una receta para los suministros y contacte una compañía de suministros médicos que acepte Medicaid.

179. Considere la dignidad personal del ser querido en el cuidado de él o ella. Use las palabras "ropa interior desechable" en lugar de "los pañales." Las palabras pueden hacer una gran diferencia en el autoestima de su ser querido, especialmente cuando parece que han perdido tanto por motivos de salud.

HOSPITALIZACIÓN Y EMERGENCIAS

180. Hasta que las cosas se resuelvan en el hospital, considere estar allí en vísperas y en los cambio de turno -- especialmente si hay horarios complejos de medicamentos a que adherirse, ya que cualquier pregunta o error puede ser detectado a tiempo.

181. Incluya una tableta, un libro y un cargador de teléfono en su bolsa de viaje.

182. Designe a una persona que se comunique con todo el mundo acerca de lo que está pasando.

183. Tenga una lista actualizada de las vacunas de su ser querido y téngala donde se puede acceder a ella, como en el teléfono. Si Ud. está en la sala de emergencia y alguien le pide la fecha de la última vacuna de su ser querido contra el tétano o la gripe, Ud. tendrá la respuesta.

184. Si Ud. va al hospital por cualquier motivo, lleve pantalones y una chaqueta o un suéter. ¡Los hospitales son fríos!

185. Use zapatos cómodos – ¡Ud. va a andar mucho!

186. La lista de un cuidador para el hospital deberá incluir, además de una lista del medicamento de su ser querido, información del seguro y la información médica, una botella de agua, un bocadillo, cordones para cargar dispositivos electrónicos, cambio para el café, un cuaderno y un bolígrafo.

187. Mantenga efectivo a la mano (incluyendo monedas de 25 centavos) para máquinas de snacks cuando la cafetería esté cerrada.

188. Envíe un e-mail al grupo de amigos preocupados y familiares para minimizar las numerosas llamadas telefónicas.

189. Si Ud. no puede estar allí durante las rondas de los médicos, tenga a alguien que esté allí para hablar con los médicos. Pídale a un familiar o amigo que visite en un momento cuando Ud. no puede estar allí. Un ser querido con insuficiencia cognitiva o que está muy, muy enfermo hace que sea difícil que ellos le den al personal del hospital información fiable, lo cual podría ser perjudicial para su salud.

190. Al hablar con un operador del 911, mantenga la calma (es una situación estresante, pero la transmisión de información en un estado de pánico sólo complica la situación). Dele la información al operador acerca de lo que está sucediendo y de cualquier condición crónica de su ser querido.

191. Recuerde comer e hidratarse mientras que su ser querido esté en el hospital.

192. Sepa que el personal del hospital y los técnicos médicos de emergencia están de su lado. La mayoría (aunque quizás no todos) de los médicos aprecian la participación del cuidador.

193. Lleve bocadillos.

194. Prepare una carpeta de un color fuerte o un encuadernador con las copias de información importante acerca de su ser querido. Por ejemplo, su licencia de manejar (delantera y trasera), la(s) tarjeta(s) de seguro médico, la lista de información básica como nombre, dirección e información de contacto de emergencia. También incluya el diagnóstico de su ser querido y el médico que lo trata con su número de teléfono, si su ser querido es un veterano e incluso su preferencia religiosa. Otra información a incluir en la carpeta es si su ser querido lleva lentes o audífonos, tiene problemas de movilidad, necesita ayuda con las transferencias o si tiene problemas para entender las palabras habladas. Incluya los últimos resultados de laboratorio, cirugías en el pasado, incluyendo cataratas, alergias, y una lista de los medicamentos. No se olvide de incluir los documentos legales, tales como el poder notarial, la Directiva Avanzada, La Orden de

no Resucitar firmada por el médico, y papeleo de tutela si se aplica. Kathy dice, "Mantuve una carpeta en un lugar de fácil acceso de la casa y todo el mundo sabía donde estaba situada en caso de emergencia. Mantuve una segunda carpeta en mi vehículo. Los originales estaban en mi bolso."

195. Nuestros teléfonos inteligentes tienen una lista de contactos que almacenamos que incluye una lista de "favoritos." En la parte superior de la lista, incluya a contactos "En Caso de Emergencia." Designe a quién se tiene que llamar si algo le sucede a Ud.

196. Use su teléfono para tomar una foto de su ser querido e identifíquelo/la por su nombre, así como su condición y quién debe ser contactado si algo le sucede a Ud. El personal de emergencia sabrá checar su casa y luego alertar a su contacto de emergencia para que revise a su ser querido. Sugerencia adicional: Kathy ha hecho esto por su pequeño perro también. Kathy dice, "Si me pasa algo, alguien sabrá que tiene que ver a mi mascota."

ASISTENCIA DE VIVIENDA O ASISTENCIA EN EL HOGAR

197. Consiga el apoyo de otros miembros de la familia para ayudar a decidir si el cuidado adicional en el hogar es necesario tener o si es tiempo para mudar a un padre (o hermano o abuelo u otro ser querido) a una facilidad de cuidado.

198. Cada familia es diferente, pero tenga en mente que las ofertas de ayuda no abundan. Asigne tareas específicas a cada miembro de la familia dispuesto a ayudar.

199. Si su ser querido está en el hospital o centro de enfermería especializada, los asesores de colocación pueden ayudar a dirigirlo en la dirección correcta con respecto a la colocación permanente, o proporcionar información sobre el cuidado en el hogar.

200. Hable con el médico de su ser querido para obtener su opinión sobre la colocación (no obstante, tenga en cuenta que su opinión no importa más que la de Ud.). Considérelo como una fuente de información complementaria.

201. Prepare una lista de preguntas que abarcan temas que se les preguntará a cuidadores potenciales, como la historia del trabajo, las habilidades y la experiencia (tanto los años de experiencia, así como la experiencia con las necesidades particulares de su ser querido).

202. Obtenga una lista de referencias de potenciales cuidadores en el hogar o utilice una agencia de cuidado para hacer las entrevistas y comprobar sus referencias para Ud.

203. Comience con una entrevista de selección entre sólo Ud. y el candidato.

204. Después de haber entrevistado a su grupo de candidatos, pídales que vuelvan para una segunda (o incluso una tercera) entrevista.

Incluya esta vez a su ser querido para que pueda observar la interacción entre los dos.

205. Obtenga la opinión de su ser querido, si es posible una vez que la entrevista haya concluido y el candidato haya salido. Si la conversación es difícil, confíe en sus instintos en cuanto a que el candidato sí o no sea la persona más adecuada.

206. Lleve a cabo una verificación de antecedentes. Muchas de las agencias ofrecen este servicio, pero pida una copia de la verificación de antecedentes para que pueda revisarla por sí mismo.

207. Si su ser querido está en una residencia asistida o centro residencial, varíe los días y la hora de la visita. Ud. no desea que el personal sepa que Ud. siempre llegará en un momento específico. Ud. quiere ver lo que realmente sucede, no lo que sucede cuando el personal sabe a qué atenerse.

208. Llegue a conocer al personal donde vive su ser querido. Habrá días en los que hay que llamar y pedir su ayuda, y Ud. desea que se haya desarrollado una buena relación para que sepan quién es Ud. y quieran ayudarle.

209. Si Ud. está buscando una facilidad donde su ser querido vaya a vivir, visíte la(s) que realmente le gusta(n) más de una vez. Visite a diferentes horas del día, pruebe la comida, y asista a una clase o actividad para que pueda ver cómo el personal trata a los residentes.

210. Eduque al personal de la facilidad en cuanto a la forma en que a su ser querido le gusta ser tratado. ¿Está bien llamarlo por su nombre de pila, o prefiere ser llamado sólo como el doctor, el señor o la señora ?

211. Cuando se recibe una llamada de la facilidad y que le diga que su ser querido no tiene sábanas, toallas, una cobertura de colchón, o

algo similar (a pesar de saber que sí lo tenían), no se vuelva loco/a – simplemente obtener otro/a.

MUÉSTREME EL DINERO

212. En California, el convertirse en un proveedor a través de Servicios de En Casa es una manera de recibir el pago como cuidador. Esto se gestiona a través de la agencia de servicios de salud del condado. Si el ser querido está en Medicaid, póngase en contacto con el condado para pedir que el ser querido sea evaluado por horas. El cuidador puede entonces contratar a un proveedor de cuidado o inscribirse para ser un proveedor él o ella mismo/a.

213. Hay algunos estados con un programa similar pero se llama un programa de "Efectivo y Consejería (Cash and Counseling)." El ser querido tiene control sobre quiénes pagan por servicios (como un asistente en el hogar o miembro de la familia que proporciona el mismo servicio). Comience con el Departamento de Salud y Servicios Humanos de su estado para esa información.

214. Hay programas de exención en muchos estados que ayudan a pagar una estancia en un centro de asistencia. Una vez más, el ser querido tiene que calificar para Medicaid antes de que pueda beneficiarse de la exención.

215. Los Acuerdos de Cuidado Personal son también una manera de recibir el pago por un miembro de la familia. Estos son creados por el ser querido, y el ser querido a continuación utiliza sus fondos personales para pagar la asistencia. Estos son buenos si pudiera haber desacuerdos familiares sobre si una persona realiza la prestación de cuidados y no le paguen.

216. Si el ser querido es un veterano, hay el programa de Beneficios de Pensión Ayuda y Asistencia de la Administración de Veteranos. Llame a 1.877.222.8387 para obtener más información.

217. La Administración sobre el Envejecimiento es un sitio web (www.aoa.gov) que es un recurso adicional con información sobre programas de gobierno y agencias locales.

218. Información y explicación de los beneficios de Medicare pueden encontrarse en www.medicare.gov.

219. El Seguro Social no reconoce el Poder Notarial Duradero por lo que considere Ud. el convertirse en un representante del beneficiario. Esto le permitirá a Ud. que maneje los beneficios del Seguro Social para su ser querido y que pueda hacer cambios en nombre de su ser querido sin que él o ella tenga que soportar una visita real a la oficina de la Seguro Social.

220. Un ser querido de bajos ingresos puede calificar para los beneficios de Medicaid. Estos son diferentes a los beneficios de Medicare. Medicaid es administrado por los estados individuales, pero es financiado conjuntamente por los gobiernos federal y estatal. Puede ser conocida con diferentes nombres en diferentes estados (por ejemplo, en California, se conoce como "Medi-Cal"). Consulte con el Departamento de Salud y Servicios Humanos de su estado para obtener más información.

221. Contacte compañías de servicios públicos directamente para preguntar acerca de un programa para ayudar a los de bajos ingresos o a los adultos discapacitados.

222. Ayuda local adicional puede incluir reparaciones en el hogar, ayuda con pagos de servicios públicos e incluso los servicios legales. Póngase en contacto con la agencia local de servicios comunitarios para investigar estos programas de asistencia.

223. Los recursos de agencias tales como centros regionales locales son otro recurso para las personas con discapacidades. Existen requisitos específicos de elegibilidad así que contacte el centro regional local en su área con el fin de ver si su ser querido califica.

ABOGACÍA

224. No tenga miedo de hablar. Ud. conoce a su ser querido más que a nadie. Hable por y defienda a su ser querido ya sea con médicos, enfermeras, empresas de suministros médicos o cualquier agencia de servicios sociales.

225. Muchos trabajadores sociales están haciendo todo lo posible tratando de manejar un gran volumen de trabajo, lo cual puede dar lugar a recomendaciones mediocres o una falta de atención al detalle. Con suavidad pero sin descanso abogue por su ser querido.

226. ¡No tenga miedo de despedir a su médico o a su farmacia! Hay demasiados médicos y farmacias para que Ud. tenga que limitarse a sólo uno/a.

227. Familiarícese con los beneficios disponibles para el ser querido. Las personas que están en Medicaid y son incontinentes son elegibles para un suministro de calzoncillos y almohadillas de cama, por ejemplo. Los proveedores de salud no siempre saben esto o mencionan esto al cuidador.

228. ¡Apele, apele, apele! ¡No se rinda! Siempre pida lo que se ha negado a ser reconsiderado. A veces esto significará el involucrar a la oficina del médico para que ayuden a obtener una autorización o para escribir la receta de una manera diferente (por ejemplo, diciendo que es "médicamente necesario").

229. Anote sus preguntas para su médico cuando piense de ellas y adhiéralas al calendario para la fecha de la próxima cita.

230. Guarde sus apuntes para las citas con el médico. Pensamos que recordaremos todo, pero no lo podemos. El tener información por escrito significa que Ud. puede compartirla con los proveedores de atención médica cuando sea necesario.

231. Sea organizado. Ya sea que archive sus documentos en un fichero, un cuaderno, o algún otro sistema, tenga una forma de organizar sus documentos relacionados con su ser querido. Peor de los casos, vuelque todos los documentos relacionados con su cuidado en una bolsa o cesta -- recetas, recibos, notas, resúmenes de visitas pasadas -- en un solo lugar para que sepa dónde encontrarlos cuando los necesite hasta que pueda archivar los documentos.

232. Edúquese a sí mismo. Aprenda tanto como sea posible acerca de la condición de su ser querido para que se sienta lo suficientemente seguro como para educar a otros y que sea capaz de ser el mejor defensor en nombre de su ser querido.

233. Eduque a otros. Trish dice, "Cuando Robert se encuentra con un nuevo médico u otro profesional de salud, explico brevemente cómo son sus ataques porque la mayoría de la gente equipara 'ataque' con convulsiones y no quiero que ellos pasen por alto un ataque si están buscando la característica equivocada."

234. Tome apuntes cuando está en la habitación del hospital y de emergencia. Trish dice: "Los apuntes que tomé mientras que estuve en el hospital en realidad una vez impidieron que a Robert le dieran de alta demasiado pronto. En la segunda o tercera noche, la enfermera había sido inundada con los pacientes y las tareas y no pudo escribir sus informes hasta el final de su turno. Debido a que había estado abrumada, ella se olvidó de registrar con precisión los signos vitales de Robert. Yo con diligencia había anotado sus signos vitales cada vez que se tomaron y pude mostrar mis apuntes a los médicos cuando entraron con entusiasmo hablando de cómo Robert dejó de tener una fiebre la noche anterior. Rápidamente se dejaron de hablar del alta una vez que vieron mis notas."

235. Prepare una carpeta de información médica. Incluya todos los resúmenes de visitas al consultorio, listas de medicamentos,

información de contacto -- cualquier cosa que pueda ser necesaria en la próxima visita o al ver a un médico diferente.

236. Comuníquese. Pida una aclaración por parte del médico o enfermera si Ud. no entiende algo. El paciente necesita un defensor para mantener el flujo de información hacia y desde el personal.

237. No tenga miedo de cuestionar. Los médicos son muy inteligentes, pero también lo es Ud. Ud. tiene conocimiento acerca de su ser querido -- su comportamiento básico, que es información fundamental tener.

GESTIÓN DEL TIEMPO

238. Prepare una lista de tareas que quiere lograr ya sea ese día o esa semana.

239. Utilice los catálogos de venta por correo para los suministros tanto como sea posible. La facilidad de tener suministros entregados versus el luchar contra el tráfico y las multitudes no puede ser sobrevaluado.

240. Al pensar en algo que alguien más podría hacer por Ud. como el retorno de libros de la biblioteca, haga una lista de esas cosas. Cuando alguien le pregunta qué puede hacer para ayudar, referiérase a la lista.

241. Haga algunas tareas en la noche para que la mañana vaya más rápido (prepare la cafetera; haga el almuerzo; prepare la ropa para el día siguiente).

242. Limite el tiempo para las tareas. Dése 30 minutos para limpiar el dormitorio y el cuarto de baño y adhiérase a ella. No puede ser completamente hecho en 30 minutos pero será cerca.

243. Cuando las cosas parecen demasiado abrumadoras, ponga a un lado las tareas no esenciales. Estas pueden esperar hasta mañana.

LOS DÍAS FESTIVOS

244. Planee con anticipación para los días festivos, especialmente si desea cambiar lo que su familia siempre ha hecho.

245. ¿Desea reunirse con la familia extendida para los días festivos? ¿Prefiere ir a otra casa o ser el anfitrión? Decida y déjelo saber a la gente.

246. Infórmele a la gente si va a haber un cambio en la entrega de regalos. Tal vez ya no es posible para Ud. comprar regalos para los doce miembros de la familia que se ven en la Navidad. Sugiera un plan diferente tan pronto como sea posible antes de que las personas comiencen sus compras. Una sugerencia podría ser que cada persona traiga una tarjeta de regalo de $25, envuelta, y luego haga un juego de recoger las tarjetas de regalo.

247. ¡Comience con las tarjetas para los días festivos temprano! Especialmente si a su ser querido le gusta enviar tarjetas, pero es un escritor lento. Dele tiempo adicional para completar las tarjetas de modo que haya menos estrés. Sí, ¡comience incluso antes de Acción de Gracias!

248. Ayúdele al ser querido a decorar su casa. La decoración podría ser reducida, pero algunas decoraciones pequeñas pueden levantar el ánimo a una persona durante la temporada de las vacaciones.

249. Para reuniones familiares, pídale al ser querido aportar algo que hará que se sienta parte del evento, pero que no sea demasiado exigente.

250. Ayúdele al ser querido elegir los regalos que va a dar a la gente. Tal vez necesita ayuda haciendo compras o decidiendo qué regalar o necesita orientación sobre cuánto gastar, porque ya no puede manejar sus finanzas. Déjelo disfrutar de la satisfacción de dar, pero de una manera que funcione para ambos.

251. Implique al ser querido en la decoración de la casa, tales como escoger el árbol o los ornamentos colgantes o encender una vela. Incluso si necesita ayuda con su parte o su contribución es pequeña, le ayudará a sentirse involucrado en las vacaciones y ayudará a mantener vivas las tradiciones.

252. Tenga una fiesta para envolver regalos. Invite a personas a su casa para ayudar a envolver los regalos (ya sea los de Ud. o los de su ser querido).

253. ¿A su ser querido le gusta la música? Ponga música de fiesta tan a menudo como sea posible para que todos gocen el ambiente festivo.

254. Tome ventaja del tiempo no ocupado (o haga un tiempo de inactividad) y vean una película clásica tradicional de vacaciones con su ser querido. ¿Quién puede resistirse a Frosty the Snowman o It's a Wonderful Life?

255. Cuando Uds. son la familia anfitriona para una fiesta o reunión familiar, use artículos desechables como platos, cubiertos, servilletas, manteles y vasos para reducir su trabajo y dar tiempo para disfrutar de la fiesta sin temer la limpieza después.

VIAJAR

256. Al empacar para un ser querido que sufre de incontinencia, empaque una maleta con almohadillas desechables, guantes, calzoncillos, toallitas húmedas y bolsas de basura grandes.

257. Habrá espacio para la ropa sucia como la maleta se vaya vaciando de los materiales desechables. Utilice las grandes bolsas de basura para los artículos de ropa sucias o mojadas. Consejo adicional: ¡Compre bolsas de basura perfumadas!

258. Los trastes de basura en los hoteles son pequeños así que también utilice las bolsas de basura más grandes para disponer de los materiales utilizados para la incontinencia.

259. Antes de salir de viaje, encuentre las farmacias más cercanas a los lugares que van a visitar y ponga la dirección, número de teléfono y las horas que están abiertos en el itinerario. Nunca se sabe cuándo se puede quedar sin calzoncillos, curitas, toallitas o alguna otra necesidad de cuidado.

260. Podría ser necesario recargar un medicamento controlado durante las vacaciones. Prepárese para esta contingencia comprobando cuándo será la fecha de recarga y si el medicamento puede ser llenado temprano. Si no es así, encuentre una farmacia en la zona para rellenar el medicamento.

261. Ud. querrá tomar suficientes medicamentos por cada día del viaje, más suficientes para un par de días adicionales en caso de que se retrase o las pastillas se dejan caer y no pueden recuperarse. Es posible que su farmacia pueda obtener un subsidio de vacaciones, lo cual les permitirá llenar las recetas temprano.

262. Sepa que si el medicamento tiene que ser rellenado en una farmacia diferente, todos los recargos disponibles en la actualidad se perderán. Necesitará enviarle una nueva receta a la farmacia habitual cuando regrese de vacaciones.

263. Cuando esté de viaje, a menos que vayan a algún sitio remoto, recuerde que mientras tiene los medicamentos con Ud., puede comprar casi cualquier otra cosa que necesite.

264. Incontinente o no, empaque una o dos grandes bolsas de basura de plástico negro en qué poner la ropa sucia mientras viaja.

265. Cuando se aloje en hoteles, trate de permanecer en uno que ofrece un desayuno gratuito. Esto hará que la mañana vaya más suave si Ud. no tiene que salir corriendo para encontrar un lugar donde comer.

266. Al comprar boletos, notifique a la compañía aérea si el ser querido tendrá su propia silla de ruedas o si se necesitará ayuda adicional.

267. Llegue al aeropuerto más temprano. Si Uds. llevan sillas de ruedas o medicamentos, habrá un retraso. Llegue temprano al aeropuerto sabiendo que el pasar por la seguridad llevará una cantidad extra de tiempo. A continuación, agasájense a su ser querido y a sí mismo a un almuerzo o relájense antes del vuelo con un buen libro.

268. Considere la compra de una alarma de puerta portátil para llevar con Ud. en un viaje. Si su ser querido abre la puerta de la habitación durante la noche mientras se dirige al baño, Ud. será despertado y lo/la guiará de nuevo en la habitación.

269. Si su ser querido es del sexo opuesto, antes de enviarlo/la al cuarto de baño en un aeropuerto, evalúe la situación. A veces, los baños tienen puertas que conducen a dos corredores, confundiendo fácilmente a cualquiera. En vez de eso, busque un cuarto de baño familiar, ya que tendrá una sola puerta. En este caso, él o ella puede entrar solo/a, y Ud. puede estar afuera y esperarlo/la.

270. Nunca ponga medicamentos en el equipaje facturado cuando viaje. Siempre lleve en el avión con Ud. los medicamentos

necesarios para la duración del viaje, y un poco más. Llene los contenedores semanales, y lleve píldoras adicionales en los envases originales, con el papeleo de la farmacia. Ponga todo en una bolsa de galón Ziploc y llévela en su equipaje de mano para que pueda responder a cualquier pregunta y mantener los medicamentos seguros.

271. Lleve una copia de cada receta, los números de teléfono del médico y de la farmacia, y su hoja de indicaciones (si la tiene). Gincy dice, "Si hay un problema, mi marido puede pasar rápidamente por la seguridad y le puedo explicar la situación al agente de la TSA."

272. Cuando en el hotel, utilice la caja fuerte de la habitación para guardar los medicamentos. Siempre lleve la cantidad del día con Ud., pero el mantener el resto de la medicación en la caja fuerte cerrada le proporcionará tranquilidad y lo/la liberará de llevar la cantidad de la semana durante la actividad el día.

273. Si su ser querido tiene problemas para caminar cualquier distancia, pida una silla de ruedas en el aeropuerto o para un viaje a la puerta.

274. Cuando llegue a la puerta, pida el pre-embarque, si es posible.

275. Recuerde las limitaciones de su ser querido cuando viaje. Es posible que haya sido capaz de ser activo todos los días antes, pero ahora necesita descansar todos los días. Si tiene que descansar en casa, tendrá que descansar en las vacaciones.

276. Programe tiempo de inactividad después de un día de viaje. Planifique períodos de descanso y recuperación durante el viaje.

277. Siga una rutina tanto como sea posible. Llenar el itinerario con actividades no es factible cuando Ud. viaje con su ser querido. Si el ser querido suele ir a la cama temprano y levantarse tarde, podría ser mejor mantener este horario durante las vacaciones.

Las vacaciones son un descanso en la rutina pero demasiado de una interrupción puede ser perjudicial para el ser querido.

278. Los cambios de temperatura pueden causar un aumento de dolor crónico. Lleve ropa para el tiempo frío y caliente cuando sea posible.

279. Lleve bolsas de hielo o paquetes de calor de viajes para las personas con dolor crónico. Por otra parte, lleve grandes bolsas de Ziploc y vuelva a llenarlas con hielo en las gasolineras o en el hotel.

280. Lleve luces de noche de bajo costo con Ud. cuando viaje. Utilícelos para iluminar el camino al baño. Puesto que son de bajo costo, no importará si se las olvida.

281. ¡Derroche y compre una combinación de luz de noche / ambientador de aire!

282. Lleve paquetes de viajes de toallitas de mano. Manténgalos en su bolso o cartera para que sean accesibles en cualquier momento.

283. Traiga calzoncillos, guantes, trapos y bolsas de basura adicionales en el equipaje de mano para que sean accesibles, mientras que estén en el aeropuerto o durante excursiones de un día.

284. Cuando se encuentre en cualquier evento en que se regalan contenedores de píldoras de siete días, ¡lleve uno cada vez! Nunca se sabe cuando haya un viaje de fin de semana o de noche para el que Ud. necesite separar las píldoras que se toman dos o tres veces al día. En estos, con un marcador se puede escribir la hora correcta para tomar las píldoras (por ejemplo, "Sáb. – AM") y luego tirarlos al final del viaje.

285. Considere la compra de un seguro de viaje. A veces se cancela el cuidado de relevo o el ser querido termina en el hospital antes de las vacaciones. Si un viaje tiene que ser pospuesto o cancelado, al menos el seguro le ayudará a suavizar el golpe.

286. No tenga miedo de pedir prestada o alquilar una silla de ruedas. Antes de viajar, averigüe qué asistencia está disponible durante el viaje. Los aeropuertos generalmente proveen sillas de ruedas gratis, o se puede conseguir un paseo en un carro de transporte si hay problemas de movilidad. Considere alquilando una silla de ruedas motorizada para aquellos capaces de conducir una. A veces se puede hacer arreglos para que la compañía de suministros médicos incluso entregue una a su hotel una vez que llegue.

287. Aproveche la asistencia que se le ofrece. Si Ud. está volando y su ser querido tiene un momento difícil, se mueve más lento que la mayoría de la gente, o es confundido por el ruido o las multitudes, asegúrese de subir al avión cuando permitan abordar a cualquier persona que necesite ayuda. Cuando llegue a la puerta, haga que su ser querido se acomode en una silla y hable con el empleado que trabaja en el mostrador para hacerle saber que Uds. embarcarán temprano. No toda necesidad de asistencia es obvia, por lo que esto le dará tiempo para responder a cualquier pregunta que puedan tener.

288. Tome un descanso uno de otro. ¡Las vacaciones significan el estar de cerca! Ya sea en un coche, avión o habitación de hotel, a veces la gente necesita un poco de descanso el uno del otro. Si el ser querido será seguro, deje que él/ella se quede atrás en la habitación del hotel y que tome una siesta mientras que Ud. salga. Si a su ser querido no lo puede dejar solo, intente reservar una habitación de hotel que sea más como un mini-suite con un dormitorio y sala de estar. Su ser querido puede relajarse en el dormitorio mientras que Ud. se disfruta de un poco de tiempo por sí mismo en la otra parte de su habitación de hotel. U obtenga una habitación que tenga un pequeño patio adjunto así que haya un poco de espacio extra.

289. Encuentre una manera de tomar un descanso si es con su ser querido o no. ¡Sí, estamos hablando de un relevo! Tanto si se trata de dos días o una semana o dos, lo/la rejuvenecerá en

formas que nunca imaginó. ¡Un cambio de escenario es bueno para todos!

290. Sea flexible con los días de relevo. A veces es más fácil encontrar un centro de relevo si hay varias fechas entre las cuales elegir.

291. Cuando se planifica un relevo, la búsqueda de ayuda para su ser querido puede ser un desafío. Kathy, que cuidó a su marido, utilizó los recursos en la Administración de Veteranos para darse un descanso anual. Trish utiliza el Centro Regional local que le da servicio a su hermano para ayudar a encontrar el cuidado de relevo.

292. Cuando se toma un relevo, la planificación previa es fundamental. Designe a otro miembro de la familia como una persona de contacto en caso de que Ud. no pueda ser alcanzado durante una emergencia. Explique a su ser querido dónde Ud. será y cuánto tiempo estará fuera.

293. Deles a los cuidadores de reemplazo bastante noticia de antelación.

294. Visite con los cuidadores de reemplazo o tome un recorrido por las instalaciones de relevo. Tanto Ud. como su ser querido se sentirán más cómodos si Ud. ha hablado con los cuidadores y ha checado el establecimiento con atención.

295. ¡Más acerca de los medicamentos! Cuente y recuente los medicamentos. Asegúrese de que haya suficiente medicamento para el ser querido si Ud. lo/la está dejando para un relevo.

296. Prepare un documento “Conozca a (inserte el nombre de su ser querido)” para el cuidador de reemplazo. El darle al cuidador de reemplazo información sobre el ser querido (caprichos, preferencias, restricciones de alimentos) reducirá o eliminará sorpresas o problemas.

297. Programe reuniones y citas con el médico tomando en cuenta las fechas de las vacaciones. Permita cierta libertad de acción en caso de que haya preparativos de último minuto antes del viaje o un retraso en volver a casa después de las vacaciones.

298. Prepare al ser querido por su tiempo de separación. Déjele saber al ser querido del próximo tiempo de relevo de Ud., pero sea consciente de que por cuánto tiempo es demasiado darle -- Ud. no quiere que él o ella se ponga innecesariamente ansioso/a.

299. Escriba las fechas de las próximas vacaciones o días de descanso en el calendario de su ser querido.

300. Abastézcase de suministros familiares si va de vacaciones con el ser querido o durante el descanso. El utilizar la misma pasta de dientes o jabón de marca puede ser sorprendentemente tranquilizador.

301. Vuelva de las vacaciones o del relevo relajadamente. Permita un día extra o dos para asentarse en la rutina normal sin la planificación de actividades adicionales una vez que haya regresado a casa. Los cuidadores que trabajan incluso podrían querer tomar un día extra o dos afuera antes de volver al trabajo.

AUTOCUIDADO

302. ¡Regocija por sus pequeños éxitos! ¿Finalmente pudo ponerse en contacto con la compañía de suministros médicos después del centésimo intento? ¡Hurra! Eso es progreso.

303. Déjese disfrutar del tiempo de inactividad. Los cuidadores están en estado de alerta tan a menudo que cuando haya una pausa entre las situaciones de emergencia, no saben qué hacer. Permítase un minuto para descansar, leer o simplemente sentirse contento.

304. Haga su propio "volver a hacer." Si el día no comenzó bien (que perdió su paciencia, las cosas no van a su manera), declare un "volver a hacer" y haga precisamente eso. Dese permiso de comenzar de nuevo.

305. Sea amable consigo mismo -- no ceda a la tentación de darse una patada porque la ropa no se lavó, o no pudo desempolvar los muebles. ¡Mañana es un nuevo día!

306. Cuando se sienta estresado, respire. Lo más probable es que ha estado conteniendo la respiración o respirando superficialmente sin darse cuenta.

307. Piense en "Cuídese" como las cosas simples -- cepillarse los dientes, beber agua, comer sano. No son las grandes cosas como tomar un día libre para el spa que hará una diferencia, sino las pequeñas cosas cotidianas que le hará sentirse más en control.

308. Tome un descanso cuando reciba una sobrecarga de información (y eso sí le pasará). Habrá momentos cuando Ud. ya no podrá leer o escuchar una cosa más acerca de la enfermedad de su ser querido. Tome ese descanso y no se sienta culpable por ello.

309. Únase a un grupo de apoyo en línea para los cuidadores.

310. Haga yoga en casa o vaya a una clase de yoga.

311. Practique la meditación.

312. Siempre es en el mejor interés del cuidador tener una reserva de su dulce favorito guardado en un lugar secreto para emergencias emocionales.

313. Acentúe lo positivo. Encuentre una cosa positiva en el día y escríbala en el calendario. Aquí está el detalle: trate de no usar la misma cosa dos veces. Puede ser cualquier cosa, desde que el café estaba caliente, hasta que mi ser querido se acordó de mi nombre hoy. Las posibilidades son infinitas, sólo hay que buscarlas con diligencia y, finalmente, se sorprenderá de todas las cosas que puedan hacer que Ud. sonría, se sienta bien, se ría, o le traen consuelo, paz o simplemente satisfacción. A menudo es demasiado fácil centrarse en lo negativo, especialmente durante la prestación de cuidados, así que entrene su cerebro para el bien.

CUIDADO DE HERIDAS Y PIEL

314. El trabajo más importante en cualquier tratamiento de las heridas es prevenir la infección -- las infecciones pueden retrasar el proceso de curación de una herida y diversas infecciones también pueden ser potencialmente mortales.

315. Prepare un "botiquín de primeros auxilios para heridas," que comienza con una caja o contenedor. A veces, estos pueden ser gratis con una compra en ciertas farmacias.

316. Si el botiquín es para la herida de un niño, consiga una lonchera de un superhéroe en que mantener todo.

317. El contenido del botiquín puede incluir gasas, palitos de algodón, cinta de papel o de nylon, venda elástica, tijeras, pinzas, Desitin, crema antibiótica, vaselina, guantes de primeros auxilios y curitas pequeñas y grandes.

318. Otros artículos que pueden ser necesarias son bolsas de hielo (manténgalas en el congelador o utilice el tipo desechable) y solución salina que se debe mantener refrigerada.

319. Lo primero que debe hacer antes de hacer frente a cualquier herida es limpiarse las manos. Si se trata de una situación de emergencia y lavarse las manos no es posible, haga lo que pueda para limpiar la herida y luego limpie y vende la herida de nuevo una vez que esté en una situación más higiénica.

320. Después de lavarse las manos, limpie la herida usando una solución salina, agua destilada o incluso agua de botella para enjuagar la herida. Esto también ayuda si está tratando de quitar una venda de gasa que se aferra a la herida.

321. Una vez que el vendaje viejo se ha quitado, "prepare" la herida. Para ello tome una gasa y suavemente remueva cualquier suciedad, cremas, etc.

322. Seque cualquier exceso de fluidos, tales como sangre, pus, etc. utilizando gasas o cualquier tela limpia que no contenga pelusas. No utilice el algodón, ya que dejará fibras en la herida.

323. Antes de cubrir la herida, asegúrese de anotar cualquier cambio en el tamaño y la localización de la herida para que se le pueda informar al médico. Por supuesto, también note si hay algún tipo de secreción de la herida.

324. Para un rasguño grande, una cortada o peor, rodee el área con una pequeña línea de Desitin o crema similar antes de cubrir la herida. Esto creará una barrera alrededor de la zona y prevendrá que entren polvo y desechos en el área una vez que Ud. ponga la cubierta.

325. Use una crema curativa tal como MediHoney (que está disponible en la farmacia) o una crema antibiótica. Asegúrese de consultar con el médico para ver lo que él recomienda para promover la curación más rápida.

326. Cubra la herida con una gasa y utilice una tira de gasa o incluso un vendaje Ace para sostenerla.

327. Hay una manera de envolver la pierna con un vendaje Ace u otra envoltura para asegurar que no se quite. Comenzando con el pie, levante los dedos de los pies hacia el techo y envuelva el pie en un diseño de figura ocho. A medida que mueva hasta el tobillo con la envoltura de la pierna, Ud. necesita envolver la parte inferior de la pierna (el área del tobillo) apretadamente y luego envolverla más flexiblemente a medida que ascienda la pierna. Esto asegura que los fluidos no se estanquen en el pie y que sean empujados hacia arriba y fuera de la pierna.

328. Las heridas más grandes se curan más rápido si se eleva la parte del cuerpo con la herida sobre el nivel del corazón. Esto evita que los líquidos presionen la zona de la herida y que no permitan que se cure adecuadamente. Cuanto más a menudo y cuanto más tiempo pueda hacerlo, mejor.

329. Para prevenir que una herida se moje durante una ducha, cubra el brazo o la pierna solamente con una bolsa de basura de cocina o césped, y luego, jale una banda de goma grande hasta la parte superior de la bolsa para prevenir que entre agua. Esto sólo se debe hacer por unos pocos minutos (por ejemplo, por la duración de una ducha).

330. Lave la herida al menos una vez al día con agua o un limpiador suave (a menos que el médico le haya dado instrucciones de no mojar la herida).

331. El remojo puede ayudar a eliminar las costras y piel muerta. Esto no se debe hacer si la herida es profunda.

332. Un producto como vaselina también se puede usar para aflojar o eliminar una costra, si es necesario. Esto también ayuda a mantener la piel húmeda y ayudará a evitar que los vendajes se peguen a la zona de la herida.

333. ¿Necesita una solución salina casera? ¡Es fácil y barato!
   a. Obtenga un frasco de vidrio para conservas de 32 onzas;
   b. Lávelo en la lavadora de platos, para esterilizarlo;
   c. En una cacerola a fuego medio, añada 4 tazas de agua destilada y 2 cucharaditas de sal común;
   d. Remueva hasta que toda la sal se haya disuelto;
   e. Deje enfriarse la solución;
   f. Una vez fría, se vierte en el frasco de conservas;
   g. Etiquete la tapa o el frasco y guarde en la nevera.

SALUD PULMONAR

334. Trucos para aflojar la congestión: Sprite caliente, té caliente, limonada caliente - ¡muchos líquidos!

335. El aumento de líquidos ayuda a diluir el moco.

336. Utilice un Neti-Pot para lavar y a drenar los senos de la nariz. Esto puede ser difícil de usar para algunas personas así que su ser querido puede necesitar algo de ayuda.

337. Consulte con el médico para ver si un descongestionante (y qué tipo) puede ser útil.

338. Utilice cuñas de espuma en la cama para alzar la cabeza o los pies del ser querido. Si Ud. tiene una cama de hospital, utilícela para ajustar la cabeza y los pies para que la cabeza esté levantada para ayudar durante los ataques de tos.

339. A veces tenemos que hacer frente a la materia bruta. La comprobación del color del moco tosido puede ayudar al médico a diagnosticar una infección. Trish dice, "Definitivamente no es un trabajo divertido, pero yo soy muy feliz cuando yo no veo cualquier color amarillo o verde en el tazón de escupir de Robert. Sin embargo, imagínese mi pánico inicial cuando vi marrón en su esputo -- pero luego recordé las mentas delgadas de chocolate que le permití tener hacía una hora."

340. Si su ser querido puede tolerar los alimentos picantes, ¡trate de darle salsa picante con totopos para un aperitivo para que los senos se drenen!

341. Para aquellos con problemas pulmonares graves y permanentes, pregúntele al médico si un nebulizador sería de gran ayuda. Si es así, compre o consiga una receta para tenerlo en la casa cuando sea necesario.

342. Pregúntele al médico si un Acapella pulmonar es un dispositivo adecuado para su ser querido. Es fácil de utilizar y puede ayudar a aflojar la congestión del pecho. Se trata de un dispositivo muy sencillo en el cual el ser querido sopla para que silbe. Esta técnica sorprendentemente de baja tecnología fomentará la tos.

343. Hay dos tipos de Acapella (uno es azul, el otro es verde) así que pregúntele al médico cuál es el apropiado para el paciente.

344. Pregúntele al médico o enfermera pulmonar si hay cualquier otra idea para la salud pulmonar. Ellos no le pueden decir a menos que se les pregunte.

345. Si se utiliza una máquina de oxígeno, asegúrese de hacer que la compañía de suministros médicos le dé servicio de manera regular (se recomienda una vez al año, pero más a menudo si es necesario).

346. Cheque y limpie el filtro de la máquina de oxígeno con el fin de mantenerlo libre de polvo.

347. Mantenga el polvo y pelo de animales al mínimo: o bien contrate a una persona que limpie la casa, o desempolve y barra Ud. con frecuencia.

MANEJO DEL DOLOR CRÓNICO

348. Aliente a su ser querido a vivir la vida pero que mantenga un ritmo moderado. Puede haber proyectos que se quieran completar pero es en última instancia su decisión de hacer tanto (o tan poco) como pueda.

349. Puede ser que una persona con dolor crónico necesite difundir las tareas a lo largo de un período de tiempo más largo. Más descansos (incluso si sean por un día) serán útiles.

350. Mantenga un registro. Incluya actividades, el nivel de dolor y el estado de ánimo. Esto ayudará al ser querido, a su doctor y a Ud. como el cuidador, a reconocer motivos por el aumento del dolor o un posible problema de medicación.

351. Use una pelota de tenis para presionar entre el area adolorida y la pared.

352. Agasájense a Ud. y al que sufre de dolor crónico con un masaje. No va a proporcionar alivio permanente pero ayudará temporalmente.

353. Puede que tenga que probar varios tratamientos varias veces antes de que funcionen. (Los medicamentos, la acupuntura, el masaje, la unidad de ENET – TENS en inglés, etc.).

354. No tome personalmente las expresiones faciales o los ruidos del ser amado. A veces, el dolor tiene una mente propia.

355. Investigue a médicos y clínicas de la Gestión del Dolor. Establezca citas con cada uno de ellos y entrevístelos. Lleve una lista de preguntas y después de todas las reuniones, decida cuál es la mejor opción para Ud. y su ser querido .

356. Preguntas para hacerle al médico incluyen: ¿Hace cuánto tiempo han estado proporcionando atención al tratamiento del dolor? ¿Verán los pacientes al médico o al asistente del médico? ¿Ha

experimentado el médico personalmente el dolor crónico? ¿Qué técnicas, medicamentos y dispositivos se usan?

357. Haga lo que pueda para hacer las cosas un poco más fáciles para el ser querido. Obtenga una carretilla de cuatro ruedas. La persona con dolor será capaz de utilizarla para seguir haciendo las cosas que hacía pre-dolor (como llevar un cesto de la ropa al cuarto de lavar).

358. Aquí hay otra receta rápida - una para un paquete de hielo hecho en casa.

    a. Reuna una botella de alcohol isopropílico y dos bolsas de almacenamiento Ziploc de un galón;
    b. Coloque una bolsa de Ziploc dentro de la otra;
    c. Vierta cantidades iguales de alcohol y agua en la bolsa Ziploc interior;
    d. Selle las dos bolsas y luego agite el paquete;
    e. Después de agitarlo, colóquelo en el congelador;
    f. Su nuevo paquete de hielo se congela pero no se congelará sólido, permitiendo que el paquete se forme y se moldee alrededor de dondequiera que sea necesario. Cuando haya terminado de usarlo, ¡simplemente vuelva a congelarlo!

LA ENFERMEDAD DE ALZHEIMER Y LA DEMENCIA DE CUERPOS DE LEWY

359. Llame a la Línea de Ayuda de la Asociación de la Enfermedad de Alzheimer 24/7: 1-800-272-3900.

360. Considere la posibilidad de reducir las actividades de las vacaciones. Demasiadas personas a la vez o cambios en el hogar como nuevas decoraciones pueden tener un efecto perturbador en nuestros seres queridos, especialmente si están experimentando alucinaciones.

361. Use su teléfono inteligente para tomar un video de su ser querido en un día bueno. Dígale que lo/la ama y documente su respuesta. Tome fotos. Ellas no siempre tienen que ser de personas sonrientes, simplemente ocurrencias cotidianas como él o ella viendo la televisión o interactuando con alguien. Incluso sólo una foto de las manos cojidas de Ud. y su ser querido. Ud. no lo lamentará.

362. No tome nada personalmente. Estas enfermedades pueden ser brutales y, a veces los que las tienen pueden decir cosas que no dirían de otra manera. Tan difícil como puede ser, no tome estos comentarios personalmente.

363. Encuentre un neurólogo con quien Ud. y su ser querido se sientan cómodos. Como cuidador, Ud. relatará bastante información al médico -- a veces las cosas que el ser querido no recuerda o con las cuales no está de acuerdo -- y una buena relación con el neurólogo ayudará durante estas citas.

364. Si su ser querido tiene una memoria disfuncional o problemas cognitivos, investigue el programa de alerta médica Retorno Seguro que incluye un brazalete de alerta médica para el individual con deterioro de la memoria y su cuidador.

UN CONSEJO FINAL

365. Recuerde que los milagros ocurren todos los días.

AUTORES

Sobre Pegi Foulkrod

Pegi se jubiló recientemente y fue cuidadora al amor de su vida (también conocido como su marido), James Foulkrod, hasta que falleció a principios de 2016. Mientras que era cuidadora para su Jimmy, Pegi volvió a conectarse con algunas de las actividades que disfrutó en sus años más jóvenes: el arte, tocar el piano y la escritura.

Estas actividades ayudaron a traerle paz durante un tiempo caótico y difícil de su vida. Pegi compartió su amor por el arte con Jimmy y él se deleitaba en la crítica de sus creaciones casi tanto como él se hinchió de orgullo cuando ella terminó una pieza.

La familia significa todo para Pegi y ella es bendecida con un hijo preciado, una amada nuera y una nieta preciosa. Pegi está siempre agradecida que ella y sus cinco hermanos fueron capaces de tener a su madre tan preciada con ellos durante 104 años!

Pegi es una artista consumada cuyas ilustraciones se ofrecen en nuestro calendario que acompaña a "365 Consejos para el cuidado: Consejos prácticos de los cuidadores cotidianos" así como en el sitio web www.365CaregivingTips.com.

Se puede conectar con Pegi en Facebook.

Sobre Gincy Heins

Gincy es profesora, autora y voluntaria, así como cuidadora y defensora de su marido que fue diagnosticado con el deterioro cognitivo leve cuando tenía 55 años. Gincy enseña clases para mayores en centros de personas de la tercera edad y en las instalaciones residenciales. Ella es voluntaria para Alzheimer's del Condado de Orange, dando información de su mesa en ferias de salud y otros eventos. También ha enseñado clases de escritura para los pacientes en el estado temprano de Alzheimer's y sus socios de cuidado para Alzheimer's del Condado de Orange.

Gincy fue elegida recientemente como homenajeada en la categoría de Cuidador Familiar en el 10° Almuerzo Anual de Mujeres Cuidadoras Visionarias del Alzheimer's del Condado de Orange.

Gincy fue co-autora del libro *Después del diagnóstico*, y recientemente ayudó a su marido a escribir el capítulo, *La historia de Steve: Viviendo con el deterioro cognitivo leve* en el libro *Estudios Psicosociales de las perspectivas cambiantes de individuales en la Enfermedad de Alzheimer's* (DickMuehlke, Li, y Orleans). Gincy está trabajando en conexión con cuidadores de Alzheimer's presentes y pasados para que las historias de sus seres queridos, antes de sus diagnosis, se puedan compartir en un nuevo libro.

Gincy y su marido son los orgullosos padres de un hijo.

Se puede conectar con Gincy en Facebook (G-j Heins), Twitter (@gjandfamily) e Instagram (picsbymom).

Acerca de Trish Hughes Kreis

Trish es una escritora independiente y administradora legal de tiempo completo que aboga por su hermano menor discapacitado, Robert, con el fin de mantenerlo lo más saludable y feliz como sea posible.

Robert ha vivido con epilepsia intratable durante toda su vida y ahora vive con Trish y su marido, Richard. A pesar de que Robert necesita asistencia a tiempo completo, él declara todo "excelente." Robert continúa enseñando a todos a su alrededor lo poderosa que puede ser la "magia de excelencia."

Trish aboga por más investigación sobre los efectos a largo plazo de la epilepsia no controlada, así como aboga por ampliación de la definición de familia para incluir cuidado de los hermanos bajo la Ley de Derechos de Familia de California y la Ley de Licencia Familiar y Médica.

Trish es también el autor de *Para siempre un cuidador*. Conecte con Trish en su blog RobertsSister.com, Facebook (Trish Hughes Kreis o www.facebook.com/RobertsSister), Twitter (@ RobertsSister1) e Instagram (RobertsSister).

Acerca de Richard Kreis

Richard siempre ha sido muy activo profesionalmente, de forma individual y con su familia. Richard es el orgulloso padre de tres hijos fantásticos y el marido de una esposa maravillosa y comprensiva. Richard es propietario de iCare Consulting (Consultoria Me Importa) y CareTalk.net donde él ayuda a los nuevos o a los que son veteranos en la prestación de cuidados.

También utiliza las ondas de radio a través de iCareRadio en BlogTalkRadio.com donde sus temas incluyen el cuidado, el dolor, las cuestiones relacionadas con el gobierno, los opioides, los viajes, los nuevos productos para el cuidador y mucho más.

Richard es un cuidador de tiempo parcial de su madre Carol, que tiene problemas de corazón, así como de su cuñado, Robert, que ha sufrido de la epilepsia toda su vida y vive con Richard y su esposa. Richard también sufre de dolor de espalda crónico causado por un conductor ebrio en 1993. Él escribe sobre cómo se enfrenta a todo en su blog PickYourPain.org.

A pesar de sus problemas de dolor, Richard es un asesor de pacientes para Intake.me, un asesor certificado especializado en el cuidado de múltiples personas y cómo organizar el hogar, la oficina y el coche. Richard también ayuda con los viajes y muchos otros temas según se necesite. Él es un Notario Público Certificado en California. En su tiempo libre, Richard disfruta de la fotografía y de tomar fotos de los perros de la familia, y de la naturaleza.

Conecte con Richard en Twitter (@ kreisr1), Facebook y LinkedIn.

Acerca de Kathy Lowrey

Kathy cuidó a tiempo completo a su esposo, con amor nombrado "marido" en su blog sobre viviendo con, cuidando y amando a alguien con la Demencia de Cuerpos de Lewy después de que fue diagnosticado en octubre de 2007 hasta que falleció en febrero de 2014. El blog de Kathy es honesto, crudo y, a veces hilarante porque, admítalo, a veces la demencia puede ser divertida. Kathy es una mujer que amó profundamente a su marido y quería proporcionarle la mejor calidad de vida que pudo. Su fe es fuerte y su oración a través de todo eso era y todavía es, "Señor, ¿qué estoy aprendiendo de esto? ¿Cómo puedo utilizar esto para ayudar a otra persona y glorificar a ti?"

El blog de Kathy, Viviendo con un ladrón llamado Demencia de Cuerpos de Lewy (www.thieflewybodydementia.com), fue elegido por Healthline.com como uno de los 25 mejores blogs de Alzheimer's de 2012 y 2014. Kathy dice, "Si el blog ayuda sólo una persona a encontrar consuelo o educación, sentiré como si fuera un éxito." Otro blog de Kathy, la vida después de Lewy (http://lifeafterlewy.blogspot.com) es un enfoque en su proceso de duelo después de dar cuidado y aprender a dar atención a sí misma.

En estos días, Kathy todavía se puede encontrar en un papel de cuidadora en que ella co-cuida al hermano de 67 años de su marido, que nació con síndrome de Down. Ella es una partidaria activa y facilitadora de vez en cuando a un grupo de apoyo local de la Demencia de Alzheimer y de otras demencias relacionadas. Ella también trabaja como voluntaria en Hábitat para la Humanidad y le encanta pasar tiempo con su familia.

Conecte con Kathy en Facebook (Kathy Gill Lowrey).

Made in the USA
Middletown, DE
08 May 2022